Viillot voivat olla pintanaarmuja tai syväviiltoja, jokaisen viillon takana on oma tarina. Elämäntilanteet muovaavat viiltojen syvyyden syvällä ihmisyydessä.

Viillot tuoreina ovat kipeitä ja kestää oman aikansa ennen kuin viilto pääsee parantumaan.

Paranemisprosessi alkaa yleensä välittömästi, jos antautuu prosessiin. Paraneminen voi alkaa, kun tilanteet ovat oikeat ja otolliset.

Minulle tärkeää on nähdä tunteen sisälle, jäädä keskustelemaan tunteen kanssa, ja olenkin näinä kolmenakymmenenä kirjoittamisen vuosina ollut tunnekeskustelussa itseni kanssa hyvin useasti.

Koen että Jumala ilmestyy

monenlaisissa tunteissa ja on niissä mukana. Aina Jumalaa ei erota tunnemelun keskeltä.

Usein Hän on salattuna kuuntelijana jopa sivusta katselijana – mutta silti aina läsnä.

Tämän hyvyyden voiman läsnäolo parantaa viillot pikkuhiljaa.

Mieluusti olisin kirjoittanut ajatukseni, haaveideni Telendoksen saarella, mutta syvimmät oivallukset olen löytänyt kriisien keskellä, syvässä huudossa, yksinäisyydessä.

Siellä minun Jumalani on läsnä.

-Sami Joshua Mitsman-

Kansikuva: Sami J. Mitsman 2019

Runokuvat: Tuula Huuskonen 2018

Kustantaja: BoD – Books on Demand, Helsinki, Suomi

Valmistaja: BoD – Books on Demand, Norderstedt, Saksa

ISBN: 978-952-80-1835-3

Viiltoja

Runoja vuosilta 1989-2019

Runot ovat syntyneet syvän pohdinnan ja
henkilökohtaisten kriisien keskellä, joista
hehkuukin mustanpuhuva, lähes epätoivon
tuntuinen kooste. Runoissa jokainen lukija voi itse
sukeltaa omaan avoimeen tilaansa ja peilata
elämän suuntia, tämän vuoksi kirjoittaja ei avaa
tarkemmin runojen syntyperää.

Kokoan itseni katsoen peilistä, jossa särkyneiden sirpaleiden
viivat.

Katson ja näen itseni ja maailmani niin moniulotteisena, onko
se totta vai harhaa?

Yhden sirpaleen läpi näen kaiken, kokonaisuuden, lapsen, joka
huutaa isää-

Tule isä ja katso minuun.

Ei elämäni ole ollut sellainen kuin ajattelin.

Voitko koota sen?

Taustapeilistä näen menneisyyden, jossa kilometrit jäävät
taakse ja olo helpottuu.

Voiko menneisyys tuoda tulevaisuuden?

Pitääkö kääntyä takaisin ja palata särkyneen peilin luo?

Hyväksyen katsoa tulevaan, joka ei kuitenkaan puhu eheyttä.

Tunnen pelon ja tuskan, joka ei ole vain tuskaa kuitenkaan,
katson peltoja ja metsiä ajaessani, tule isä ja katso minuun

Ei elämäni ollut sellainen kuin ajattelin,

voitko koota sen?

Se palaa, se palaa vieläkin. Mikä sammuttaa sen voi?

Sade, ukkonen?

Se palaa, se palaa vieläkin,

kuitenkin

Tuli rakkauden.

Se palaa, se palaa yhä uudelleen, tuska muistojen,

tehden minusta uuden ihmisen.

Se palaa, se palaa rakkaudessa, anteeksiantamuksessa.

Se palaa sisälläni - tuli rakkauden

Se palaa kuitenkin.

Se palaa, se palaa, vaikka en näkisi aamua:

Rakkaus tähän päivään

Rakkaus sinuun.

Se palaa, se palaa, katson taakseni

Vieläkö versoisin ihmisenä huomiseen?

Sitä voimat ei koskaan voi sammuttaa!

Se palaa, se palaa ja vie minut laaksoon,

se vie minut puistoon, missä sinut kohtasin.

Se palaa, se palaa rakkaudessa, anteeksiantamuksessa

Se palaa sisälläni – tuli rakkauden – se palaa kuitenkin

Katso ihmistä,

kaksi ihmistä, kaksi toivoa, kaksi pyhää.

Kaksi toivoa, täynnä rakkautta,

Ei koskaan toisilleen luotuina nuo kaksi ihmistä,

nuo toisilleen kaksi vierasta ja kuluttavaa sielua.

Katso ihmistä, kaksi ihmistä, alkoivat hioa toisiaan.

Mutta voiko kaksi kiveä kohdata koskaan,

ei toisilleen luotuina koskaan, nuo kaksi ihmistä,

nuo kaksi toisilleen vierasta ja kuluttavaa sielua.

Toinen on mustaa ja toinen on valkoista,

toinen on luotu tuhkasta ja toinen toivosta.

Rakkaus, tuli käymään. Mutta ei pystynyt asumaan.

Toinen itki itsensä uneen unelman, toinen halusi viedä tanssiin elämän ja kuoleman.

Ei toisilleen luotuina koskaan nuo kaksi ihmistä, nuo kaksi toisilleen vierasta ja kuluttavaa sielua.

Toinen on mustaa ja toinen on valkoista, toinen on luotu tuhkasta ja toinen toivosta.

Tuon kirjan avaan, joka on salaisuuksia täynnä,

sen sivut ovat jo kellastuneet ja niin monta tarinaa nähnyt.

Kynä on sivellyt musteella ja verellä sen sivut

tehden niistä muistojen puiston.

Pimeys peittää salaisimmat tarinat, vain kynttilä antaa esille
tuskan ja toiveen.

Savesta luotu ihminen, hengen puhaltama,

muovattu muotoon, josta ei aluksi ottanut selvää – mullasta ja
tuskasta tehty.

Tuli kauniiksi Luojan luomaksi

Kokonaiseksi.

Uskallanko katsoa jokaista sivua kirjasta, johon olen tuonut
päivän pelon ja tuskan.

Tanssin kirjan kanssa uuden valssin, joka antaa luvan avata
sen salaisen sivun 13,

oli tehty virheitä ja kunniaa.

Savesta luotu ihminen hengen puhaltama, muovattu muotoon
kuvaan Luojan.

Tehty kauniiksi- kokonaiseksi.

Rakastin ja vihasin, sinun kaunista sieluasi,

sait puolellesi miehen, joka epäröi tuota rakkauden iltaa.

Savi ihminen nousi kokonaiseksi.

Mitäpä sulle merkitsin, kuuntelijaako ja ihmistä?

jonka kanssa olisi helppo kiertää Tokoin ranta ilman lupauksia koiran kanssa tai ilman.

Mitäpä tänään? Hakaniemen hallista, sain kortin, jossa kerroit, ettet pysty rakastamaan.

Joka ilta ratikka pysähtyy taloni eteen ja olit siinä, hakien rakkautta kuitenkin.

Teimme ihanaa tonnikalamössöä, kävelimme pitkiä Toisen linjan kujia,

kerroimme toiveistamme ja Janoisen lohen juoma sammutti janomme.

Olin valmis rakastamaan, mutta tahdoit vain soittorasian.

Tahdoit soittaa yksin yksinäisen karhun sävelmän.

Olin valmis kanssasi valssiin, mutta tanssin yksin Hesperian puiston patsaan edessä.

Kuin hyvä seuralainen, olin sinulle vuosia, silti rakastin sinua.

Näytit parhaat puolesi soittamalla rasiaa, yksinäisen karhun tanssin.

Se koskisi niin, jos luopuisin sinusta. Rakastin sinua niin, että ranteeni huusivat verta.

Soittorasia, sitä olin sinulle, mutta niin onnellinen, nuo vuodet helvetin,

soittorasia ei pystynyt muuhun kuin kuuntelemaan ja soittamaan tuota vanhaa sävelmää.

Poltin siipeni

kun uusi aamu koitti, oli jo liian myöhäistä,

ei rakkaus voinut jättää minua rauhaan. Ei sekään, että käänsit selkäsi.

Poltin siipeni ja rakkauden tuli yhä palaa

se toistaa lieskojaan sielussani.

Pois mä tahdoin kääntyä, mutta se oli jo liian myöhäistä,

sillä silmäsi nuo tummat olivat tehneet jo tehtävänsä, mutta

poltin vain siipeni, ja pystyin tanssimaan sinun onnestasi.

Koetin katsoa sinua vielä kerran, join lasin viiniä, sekä pystyin ehkä

kiipeämään tuskani vuorelle, mutta silti pystyin katsomaan sinua ja iloitsemaan sinun rakkaudestasi toiseen.

Poltin siipeni, mutta ei se mitään, kaikki oli jo liian myöhäistä.

Mutta selviän tästä-

toisen onni on toisen tuska,

mikä pois sen vie?

Poistun paikalta, jätän viinin juomatta,

oli rakkaus jo siipeni polttaneet.

Kolme ihmistä, joista kaksi on rikkirevitty,

maailman ja elämäntuska lamaannuttanut sielut

jonnekin jääneet kahden ihmisen sydämet,

tästä kuitenkin selvitään

tavalla tai toisella.

Kuitenkin tarvitsen sinua ja huudan unissani,

voiko tyyny olla lemmen korvike, lemmen ääni?

Ei se voi olla vain vieras sänky, jossa saan rauhan,

kaipaan viereesi ja ihosi kosketusta.

Siksikö tässä ollaan, ettemme voi toisiamme vastustaa,

vai toteutammeko sitä kaavaa mistä emme pääse irti?

Ei se voi olla vain vieras sänky, jossa saan rauhan

kaipaan ihosi kosketusta.

Kolme ihmistä lopettaa keskustelun,

kaksi rikkirevittyä lähtee omille poluilleen.

Autot odottavat ja pakko jatkaa päiväänsä ja tunnustaa,

että kaipaan sinua jo nyt, vaikka tunti sitten olin tehnyt
päätöksen.

Kuitenkin tarvitsen sinua ja huudan unissani. Voiko tyyny olla
lemmen korvike?

Ei se voi olla vain vieras sänky, jossa saan rauhan,

kaipaan kosketusta.

Kaksi yksinäistä laukkua, odottaa lähtöään,

toinen suurempi toinen pienempi.

Kummassakaan ei vaatteita lainkaan.

Oli pelkät kuoret ja niiden kauniit matkojen tekemät kolhut.

Lukot molemmissa laukuissa, tuntemattomat numerosarjat,

joilla laukut saisi auki, mutta, luvut kadoksissa-

oliko se hääpäivän numero vai päivä, jolloin kohdattiin?

Voi meitä, kaksi matkalaista, joiden oli tarkoitus lähteä matkalle,

mutta kauniitahan ne ovat tuossa nurkassakin.

Annetaanko lennon mennä vai tutkimmeko numerosarjat?

Kohtasimme satoja ihmisiä kentällä, onko helpompi jättää laukut nurkkaan?

Säästämmekö toisemme tuntemattomilta katseilta ja lippujen tarkastuksilta,

vai arvuuttelemmeko lukkojen numerosarjaa?

Kokoammeko arvauksemme yhteisellä leikillä?

Jos numerosarja löytyy, niin pakkaammeko yhteen laukkuun sen mitä omistamme,

voisimme vetää laukkua yhdessä, samalla kentällä.

Katsommeko numerosarjan yhdessä vai erikseen.

Kun ihminen pirstaloituu onnettomuudessa tai suhteessa, on jäljellä vain musiikki, värit ja tanssi.

Kun ihminen kuolee toiselle, on jäljellä musta hauta, josta herääminen voi aiheuttaa

katastrofin- eron.

Voi jäljelle jäädä ystävät ja viski ja nousu uuteen auringon nousuun.

Voi luurankokin saada uudet värikkäät vaatteet päälleen, jotka kutsuvat uuteen sotaan kohti vastarintaa niin kuin Hemingway Gellhornin kanssa.

Silloin voi olla mahdollista kalastaa niin suuria kaloja kuin Hemingway sai aikoinaan.

Viva la vida

Kuuletko sinä sen saman minkä minä kuulen?

Onko taivaamme yhteinen?

Oletko valmis kulkemaan sen saman mustan tien kanssani,

lähtisitkö kanssani sinne missä ei kansoja tunneta,

riittäisikö sinulle paperi ja kynä ja yksinkertainen kamera

tallentaaksesi elämän tapahtumat?

Vai tarvitsetko vierellesi ihmisen, jolla on kaikkea muuta kuin nämä.

Riittäisikö sinulle patonki ja pullo hyvää viiniä,

olisitko valmis taistelemaan vielä vanhuuden päivinä ihmisten puolesta?

Hänen mustat huolitellut kiharat, tekivät peilikuvasta kauniin.

Hänen punaisella rajatut huulensa oli piirretty päivän teeman mukaan.

Eilinen viini haihdutettiin pois Chanel vitosen tummalla tuoksulla.

Kuitenkin kun kuvaansa, hän peilistään katsoi,

muisti tuskan, jota kantoi sydämessään.

Hän etsi rakkautta baareista, joissa pukumiehet kiiltävissä kengissään

tanssitti hänet uneen.

Hän on huoliteltu nainen, sydän vertavuotava, huoliteltu popliinitakki henkarissa.

Niin monta lupausta maailmasta ja ikuisesta rakkaudesta.

Hän muutti maalle rauhoittuakseen, ei enää tarvittu hiusväriä ja huulipunaa.

Postimyynnin halvat hajuvedet peittivät eilisen illan kaljan ja tuskan.

Hän on huoliteltu nainen, sydän verta vuotava. Vain huppari päällä, välttääkseen syksyn kylmyyden.

Tuli päivä kylmän lokakuun, kun mustat kauniit kiharat lakkasivat olemasta tärkeät.

Tuli päivä kirkonkellojen, sen surusävelmän, tuo ihminen katosi ikuisuuteen.

Tuo huoliteltu nainen, sydän verta vuotava, oli saanut rauhan osakseen,

huoliteltu popliinitakki oli heitetty roskiin, joka kantoi aikoinaan lupauksen

rakkaudesta ja uusista maailmoista.

Olin kuin tikkataulu.

Tikkataulu, johon jokainen heitti omat tikkansa lävistäen minut.

Vuosia olin kuin tikkataulu ja olin palasiksi hajonnut.

Tunsin, että en voi enää ottaa yhtään tikkaa vastaan.

Itkin.

Minusta ei ole enää palvelemaan.

Tuli Hän ja katsoi minuun.

Hän itki.

Hän otti minut seinältä ja painoi rintaansa vasten.

Hän vei minut työhuoneeseensa ja paikkaili minua ja käänsi minusta

toisen puolen.

Olen ehjä.

Jaksan jälleen elää.

Jos ei ole puhetta, ei sanoja. On vain katseita, joissa on toiveita mutta ei tulevaisuutta.

Voisitko aloittaa, äitini sanoi, mutta minulla ei ole voimaa. Olen lukossa kuin sinetti, jota ei saa avata, kuin se, jolla on valta.

Ymmärrän, kun tulee talvi niin ajat muuttuvat. Silloin pääsemme yhdessä hiihtämään ja puhumaan suksien voitelusta.

Voimme puhua ilmoista, tuulesta ja sateesta ja sinä katsot vain elokuvia.

Minä katson sinua ja viikkaan pyykkiä – olen hiljaa. Soitan pianoa saadakseni ääntä elämäämme.

Yritän, niin kuin äitini sanoi. Puhu siivoamisesta, puhu ammateista ja terveysjuomista – silti sorrun itse juomaan viskiä, kun on niin hiljaista.

Osaisinpa puhua sinulle.

Jospa voisin laulaa sinulle, muuta kuin jäähyväislaulun.

Jos et puhu, en minäkään osaa. Puhutaan vaikka enkelien kieltä, jota lapseni puhuu.

Tuo meille puhe, rukoilen, sillä olen kuin mykkä. Muutoin lähden pois puhumaan puille, joiden kaarna rakastaa kosketusta.

Puhu minulle.

En jaksa pitää enää elämän turhia naamioita kasvoillani.

Naamio halkeilee, pala palalta se lohkeaa

pudoten maahan, särkyen pirstaleiksi.

Näen Sinut. Taltta ja vasara kädessäsi, tunnen Sinut.

Sinä vapautit minut.

Olitkin siinä, ennen kuin ehdinkään

huutaa Sinun nimeäsi.

Et pääse pakoon, vaikka tahtoisit.

Se seuraa sinua kuin varjo yöllisellä
tuskan viitoittamalla kujalla.

Mausteen katkerilla kyyneleillä,

- tämä on minun ristini
- muistot lapsuudestani.

Psykiatri kysyi:

-millaisen perinnön olisitkaan jättänyt itsestäsi

jos olisit kuollut?

Vastasin: -kuoleman, tuskan ja suuren kysymyksen, miksi??

Nousen, kaadan kahvia kuppiin ja katson ulos.

-olen edelleen tässä.

Olen etsijä, enkä tahdo löytää.

Ehkä tahdonkin, mutta en löydä

elämän kultaista avainta, jolla voisin avata

salatut lukot ja raastavan sairauden.

Tahtoisin löytää avaimen, jolla voisin vapauttaa

jo niin kauan vankina olleet valkeat kyyhkyset

-lentämään kohti taivaan sineä.

Katselin Limassolin kirpputorilla hiljaa vanhaa lamppua,

brandya nautin ja ihailin sinun vuosikymmenien kuluttamaa muotoasi.

Nostin sinut pöydälle tähtitaivaan alla ja laitoin silmäni kiinni,

heitin Alladinin toiveen taivaalle.

Toiveista ensimmäinen, ajattelin, että viemäri vetäisi ammeessani, josta vanha kaakeli olit irronnut.

Toiveista toinen, jospa naapurit eivät riitelisi ja saisin nukkua yöni rauhassa.

Jos vanha brandy ei menisi niin nopeasti naapurissa. Miksi morsian ripusti hääpukunsa parvekkeen pyykkinarulle?

Toiveista kolmas olisi, että ovesta astuisit sinä, käsissäsi matkaliput kohti Haifaa.

Veisit minut punaisella Ferrarillasi kohti satamaa ja nousisimme laivaan.

Sinun kanssasi tahdon tehdä sen matkan, yöllisellä myrskyisellä merellä.

Herätä kello viisi, seisoa laivan kannella usvan ja meren kosteuden keskellä. Nähdä kolme sinivalkoista Magen Davidia.

Liput tangoissa toivottaisi meidät tervetulleiksi kotiin. Kutsut sitä omaksesi.

Punaisella Ferrarilla katoamme kohti Haifan kuumuutta.

Hotelliini jäi vanha lamppu, pala kaakelia ja tahrainen hääpuku.

Kanssasi kolme toivetta, ne tulivat minuun.

Sinun Titanicillasi ja Ferrarillasi.

Kun kuljen katuja,

olet kuin naurava kissa, joka huutaa yöllä rakkautta.

Voinko huutaa takaisin, että ymmärtäisit sen.

En unohda, kuinka veimme yhdessä ruokaa kissoille ja hyppäsin moposi selkään.

Ajoimme yön valaisemaa Sivotan tietä, jossa valaisi vain kuu ja kissat huusivat toisilleen.

Pidin kiinni lantiostasi, jossa tunsin lihaksikkaan kiihkon ja veit minut yöhön, Sivotan lahden taakse.

Kissojen huuto sekoittui mopon bensan hajuun,

Pysähdyimme rantaan, joka huusi äärettömyyttä.

Kissojen huudot vaikenivat, ne vaihtuivat kahden ihmisen hengitykseen, jossa soi sama laulu –

Rakkaus, rakkaus, sitäkö tämä on?

Vie minut pois ikuisiksi ajoiksi täältä, pyysin.

Sanoit, sinulla on rakkaus, joka odottaa. Olen vain yöllinen kissa, joka näyttää sinulle Sivotan kauneuden.

Tiesin sen olevan totta ja nousimme mopon selkään ja ajoimme pois huutavien kissojen kujille.

Rakkaus näytti kasvonsa – sitäkö tämä oli?

Joku vanha kivinen katu, joka kutsui meitä kulkemaan,

voiko vanhassa talossa asuva mummo olla äitimme?

Vai voiko hän vain tarjota oliiveja haljenneelta lautaselta
kahdelle rakastuneelle.

Se tie vie kohti tuntematonta, siinäkö on meidän rakkautemme
talo, jossa portaat klertyvät katolle, jossa äärettömyys kohtaa
toisensa.

Nuo portaat eivät johda oikeasti minnekään, taivas ja maa
saavat yhtyä rauhassa. Kun katsomme alas, vanha mummo
seisoo oliivilautasen kanssa.

Asuisitko kanssani tässä rähjäisessä vanhassa talossa?

Viljelisitkö kanssani tomaatteja, pihalla, joka on nyt kiviä
täynnä?

Jos vain katsoisimme samaa ääretöntä taivasta ja portaita, jotka
nyt eivät johda mihinkään,

ehkä löytäisimme yhteisen taivaan.

La casa, tuossa talossa, noissa portaissa, yhteinen sävel ja
yhteiset askeleet.

La casa voisimme löytää yhteisen tumman taivaan.

Älä ymmärrä minua.

Älä sano, että "minä tiedän".

Älä anna valmiita vastauksia ja sanoja.

Ole vain oma itsesi ja kohtaa minut.

Saat olla ihmeissäsi ja kauhistunut

-se on rehellisyyttä

Tuntuu niin hullulta, että

Sinä olet minun puolellani.

Kaikki tämä tuntuu niin tähänastisten lakien vastaiselta.

En voi ymmärtää, että sinä välität minusta

näin paljon, katsot minua ja hymyilet.

En tiennyt mitä kaikkea tämä tie tulisi maksamaan?

Mutta se kiinnosti minua ja minä lähdin.

En osannut aavistaakaan, että kohtaisin Sinut täällä.

Yksinäisyydessäni ja täällä pimeässä elämäni huoneessa.

Tiesin vain, että tahdon olla rehellinen itselleni ja sinulle.

En olisi uskonut, että tulen kohtaamaan armosi täällä –
vaikeimmassa paikassa.

Sanoit vain; -Minun armossani on sinulle kylliksi.

Olen elävältä haudattu.

Tunnen ahdistavan arkun ja pimeän haudan.

Kuulen kuoleman virsien sävelet ja surevat omaiset, mustiin pukeutuneet

surevat rakkaat.

Olen elävältä haudattu.

Olen elämältä haudattu.

Ihmisen sanoja ja viisauksia on maailma täynnä.

Miksi minä en saa yhdestäkään kiinni?

En ole nähnyt valoa laskeutuvan elämän kaamoksen alle,

toivon kevätsäteiden sinkoutuvan suoraan sisimpääni,

jotta voisin hajota tuhansiksi palasiksi, hiukkasiksi, atomeiksi.

Se on vain toive, vain harmaa ajatus.

Olenkin tässä ja itken tyhjyyttä, joka kalvaa

ennen niin elämänilon täyteistä sieluani.

Katson peiliin ja lamaannun. Nyt se on sitten loppu, ajattelen.

Kaadan pillerit käteen ja katson kuolemaa silmästä silmään.

Houkutus on liian suuri,

nytkö minä lähden?

Missä on nyt se vahva usko, josta olen vuodet toisensa jälkeen kertonut toisille?

Sitä ei ole.

Ei ole mitään.

En jaksa elää, kuitenkin tahtoisin.

Alkaa nukuttaa, en ole oma itseni. olen poissa.

Luoja auta minua.

Takana terapiaa, keskusteluja ja puheluja.

-Kuinka voit?

Ei voi kuinkaan, lausahdan.

Karmiva tuska, pohjaton ahdistus ja turhuus.

Kuolema kutsuu, se esittäytyy parhaana ystävänäsi avaten oven

helppoon elämään, ratkaisuun.

Taistelen, mietin ja turhaudun.

Ihmisen elämän on parhaillaan tuska ja ahdistus.

Olen lamaantunut. pois, pois, pois.

Tahtoisin valkoiselle hohtavalle hangelle tai humisevien koivujen luo.

otan partakoneen terän ja tahdon pois. Viilto, viilto ja viilto. - Koskee

mutta tahdon pois.

Joka puolella on verta. olen sekaisin.

Tartun lääkepurkkiin ja nielaisen purkillisen kuin vanhasta tottumuksesta.

Nyt se on menoa,

Olen tyyni ja rauhallinen, vaivun euforiaan nyt minä saan mennä.

Nyt menen.

Terveisiä minulta, joka ei jaksanut elää.

Paljon kysymyksiä. Miksi?

Mistä minä tiedän, vastaan.

Mistä tulee ahdistus?

Minäpä kerron sinulle:

Syvistä kuiluista, ahtaista porteista,

pienistä tummista aukoista, jotka ovat maan alla.

Minut on nielaissut tumma aukko ja huudan:

-kaivakaa minut ylös täältä.

Musta maljakko,

näen siinä vain risuja. Missä ovat kauniit ruusut värikkäät
kukat?

Niitä ei kasva minun maljakossani,

sillä se on musta ja vesi puuttuu kokonaan.

Kuka vaihtaisi elämälleni uuden maljakon?

Tahtoisin läpinäkyvän kirkkaan maljakon, josta elämän vesi

välähtelisi kauniina kasvattaen uusia elämän juuria

uutta elämän kasvua varten.

Katson itseeni ja uuvun jälleen.

Se oli toive, unelma, rukous.

-Tiedän että Joku kuuli sen.

On käytävä tuskaakin elämässä,

jotta näkisi valon.

Joko nyt erotan valkean mustasta?

Jospa valkea saavuttaisi myös minut

musta tuntuu....

Tahtoisin nähdä asioiden ylitse,

jotka vievät minua alaspäin.

Mutta en voi nähdä.

Tuntuu, kuin joku musta side olisi sidottu silmilleni,

jotten erottaisi kuin mustaa.

Tahtoisin avata siteen silmiltäni, mutten voi.

Käteni ovat sidotut mustilla kahleilla ja ranteeni

ovat kahleiden hiertämät. Olen voimaton.

Tulit sinä ja tunsin, kuinka tuulen henkäys kävi ylitseni

ja kahleeni katkeilivat ja siteet putosivat silmiltäni.

Näin kirkkaan auringon valon pitkästä aikaa,

Mutten nähnyt sinua, tunnen sinut silti.

Tulit ja vapautit minut elämään.

Terapiahuone.

aina yhtä kaunis ja harmoninen.

huone on kuin esikuva taivaasta,

vain rauha puuttuu.

On keskiyö. hiljaiset sairaalan käytävät.

hoitajien nauru kansliasta särkee yön hiljaisuuden.

Pieni kalju nainen,

iloinen hymy.

Hysss... minä se vain olen.

Mielisairaalan kanttiinissa.

Iloinen kanttiininhoitaja.

Etsin jotakin, mitä?

kuulen kysymyksen, näen vanhan ystävän.

hetkinen.

Mitä sinä täällä teet?

vastaan: olen täällä!

Sinä???

Minä....

Minä???

Siinä sinä taas olet.

seisot tupakalla,

sormesi ovat tupakan tummentamat.

Sinun ystäväsi ovat savurenkaat,

joita et voi saavuttaa,

sillä ne katoavat tuuleen

Mistä tulee masennus?

mistä tulee yö?

Kuka minä olen?

ken vastaisi minulle

Minä vain kysyn.

Helpottava kokemus.

Tänään koin jotakin.

Minulle sanottiin, ettei minulla ole

lupaa liikkua osastolta pois minnekään.

Huokasin helpotuksesta:

-minun ei tarvitse lähteä.

Olen kohdannut kuoleman,

olen nähnyt elämän.

Olen halunnut nähdä kuoleman,

mutta valitsin elämän.

Terapiaa on kohdata itsensä.

Terapiaa on tajuta ongelmansa.

Hyvä terapia on valita elämä,

kaiken kokemansa jälkeen.

Helvetillinen tuli polttaa ja piinaa.

se painaa alas saaden näkemään

vain maan tomun ja pimeyden.

Minun pitäisi olla valkeudessa.

      kuinka kauan

      kuinka kauan

Näen vaikken näekään.

kuulen, vaikken kuulekaan.

Tiedostan sen tuskan, joka

ympäröi minua.

Elämän. Elämässä olemisen tuskan.

Se on ahdistus.

Siitä versova kukka on kuolema

-minun puutarhani.

Kuljen metsässä yksin.

Näen oravan yksin.

mitä näen?

Elämää.

Kuinka se varastoi talvea varten.

Jospa minäkin voisin varastoida,

niin varastoisin onnea onnettomuuden varalle.

En ole orava.

Olen taakoitettu sielu.

Älä ymmärrä minua.

Älä sano, että minä tiedän.

Älä sano valmiita vastauksia.

Ole vain kauhuissasi ja huolissasi.

Elämäni on ollut kuin korttipakka,

kuka taitavimmin käsitteli minua,

teki mitä ihmeellisimpiä korttitemppuja.

Väsyin ja murruin pala palalta.

Minusta oli otettu kaikki irti.

Reunat repeilivät ja en kelvannut enää

taitavien pelaajien käsiin.

Olen huono, ajattelin. Jään tähän. Kuolen.

Olen edelleen tässä.

Tuli Hän ja katsoi.

Teippasi ja retusoi,

korjaili ja katsoi ja sanoi:

-sinä saat nyt levätä.

Oli iltapäivä 1941, sunnuntai. Tupaan saapui kansaa kylän.

Tahtoivat kuulla Sanaa Jumalan. Pappia odotettiin toivorikkaana, mummoni ja kuuma kahvipannu ja vastaleivottu vehnänen. Tuli, pappi uutisen kanssa, ei ollut toivoa ilmassa, sillä ukkini oli kaatunut Vanjan luodista Kannaksella. Kiitosvirren sijaan tuotiin tuntolevy, sormus ja kello. Jumalan armo muuttui tuomioksi.

Siinäkö toivo ja tulevaisuus, pieni lettipäinen sisko keinutti puolivuotista siskoa kätkyessä, kun mummoni lysähti maahan.

Sotaorpoja kaksi, vielä ei toivoa tunnettu oli vain kysymyksiä. Meni vuosikymmenet ja sankarihaudoilla itkettiin katkerat itkut, ei kuitenkaan vihaa sitä Vanjaa kohtaan.

Antakaa anteeksi, mummoni sanoi.

Mummoni uurteiset kasvot loistivat rakkautta loppuun asti. Kädet, jotka neuloivat niin monet sukat kahdeksalle lapselle, ne kertoivat, ettei vihalla voiteta mitään.

Mitä lapset oppivat? Toiset vihan ja katkeruuden, toiset katsoivat tulevaisuuteen ja muistivat mummoni neuvon.

Rakasta lähimmäistäsi.

Tango ja valssi kutsui mummoani uusiin häihin ja uuteen kohtaloon. Sydämen onkaloissa eli se sama mies, johon hän rakastui ennen sotaa.

Mies, joka uskoi naiseen, ei hyljättyä rakkautta koskaan

-se vain otettiin pois. Se oli Suomi 100, naisen ja miehen elämä

Kriisi on minulle avain.

Minua varten erikoishiottu.

juuri minun elämäni

ongelmieni oviin.

Kriisi on minulle tie uudistumiseen.

Olen saanut luoda nahkani kuin käärme.

Kriisi on minulle kuin mukula,

kevätmukula, joka paljastaa

elämäni kukan.

Tänään olen yksi heistä,

joista kuiskaillaan.

Meitä sanotaan vähäosaisiksi.

Tänään laahustan heidän kanssaan

kohdaten ne niin sanotut normaalit.

Tänään istun vierelläsi pienoisbussissa.

meitä viedään elokuviin.

Minä ja muut. Sairaita kaikki.

Tässä me olemme kaikki samalla viivalla.

Jokaisella samanlainen lippu kädessä ja

astumme muiden joukkoon,

kuka meidät erottaa?

naurattaa.

Tiedän, tiedän

sanokaa se, jota pelkään.

Ei osaa puhua, ei laulaa.

Tiedän, tiedän

sanokaa se mitä pelkään

Ei osaa kävellä, tanssia

sanokaa jo mitä pelkään

Jos elämästäni tulisi valokuvanäyttely, niin ihmiset yllättyisivät.

Siinä he näkisivät minut, tavallisen ihmisen.

Joskus niin yksinäisen, kuitenkin laumasielun.

Monet kuvat kertoisivat mustavalkoisesti sen,

jonka luulin tuntevani.

Joissakin kuvissa näkyisi elämän kirkkaita värejä,

kuitenkin mustaa taustaa vasten.

Joissakin kuvissa istuisin vain lattialla

kädet kasvoillani peittäen, itkien omaa

kurjuuttani ja ihmisen häpeää.

Jossakin kuvassa näen vain tien, jolla ei ole

päätöspistettä. Horisontti on kauas mennyt, tuntematon, ajaton,

se ei pääty.

Olen tässä, olen juuri astumassa tuolle tielle,

olen löytämässä uuden ulottuvuuden elämääni.

Samassa valokuvapimiössä kehittyy uudenlainen kuva.

Olen tiellä, mutta vasta alussa.

Sinun avullasi olen tällä, valkealla tiellä. -olihan näyttely-

Mies vierelläni.

Tyhjä katse.

Tuskanhuuto ja hiljaisuus.

Valkeapukuisia hoitajia kuin perhosia.

He ovat ojennettuja käsiä,

juoksevia jalkoja,

näkeviä silmiä.

Kuitenkin ihmisen mahdollisuudet

päättyvät huutoon. Loppu.

Tahtoisin ulos.

Tahtoisin raikkaaseen, puhtaaseen,

viileään ilmaan.

Tahtoisin siivet,

joilla voisin lentää ja nähdä vapauden.

Mutta en voi, sillä olen sokea.

Kuka minua ohjaisi.

Happilaitteen kimeä ääni särkee korvia.

syksyinen tuuli viestittää epätoivoa.

Valkeat käytävät kuin ruumishuonetta kohden,

käsissäni mustan maljan itku.

Kuoleman maljan veriset jäljet huulten ympärillä

-tämäkin vielä

Pimeys jo tulee, vaikka on päivä.

Tuulee, vaikka on tyyntä.

Maailma pimenee, vaikka on rauha,

koska mustat tuulet ovat saaneet vallan.

Koiranputki heiluu tuulessa.

Se taipuu, mustan tuulen voimasta.

Se katkeaa, kuin ihmissielu, joka etsii.

Älä katso mustaa tuulta. Käänny toisinpäin!

Anna tuulla, mutta huolehdi, ettei tuuli

vie sinua ja särje pirstaleiksi.

Sinä kysyt, miksi olet täällä?

Minä kysyn samaa, saamatta siihen vastausta.

Täällä olen minä ja musta tuuli.

Pidämme toisistamme kiinni,

ettemme kaatuisi molemmat.

Radio pauhaa pitkän päivän,

kertomatta mitään todella tarpeellista.

Ei hiljaisuutta, ei hetkeäkään, jolloin

ihmissielu voisi rauhoittua.

Kuulen kaiken kuulematta mitään.

Toivoton hetki illan pimeydessä.

Sanokaa minulle, milloin?

Tai olkaa hiljaa.

Musta tuuli, valkoinen taivas,

ainaisessa ristiriidassa

elämän kanssa.

Mitä hyötyä on elää?

Katson pellon laidassa kuolevaa kukkaa.

-sinäpä sen sanoit, sanoi kukka

ja lakastui

Paljon katseita,

ilmeettömiä, vailla kysymyksiä.

Lasittuneita, vakavia katseita.

Sisälläni huutaa tuska,

joka verhoaa minut, jokaisen solun, jonka omistan.

Huudan: -älkää katsoko minun sieluuni

-säikähdän.

Älä kysy, miksi?

Älä vaivaa kysymyksillä, miksi?

Olen sokea, täysin avuton

en voi nähdä sisälle.

Tuska katsoo suoraan minuun.

Olen pelon lamaannuttama.

Olen vain.

En osaa olla hengittämättä. Elän.

-ehkä.

Naisen itku ja lapsen huuto,

-armotonta yksinäisyyttä

- väkivallan pelossa.

Taistelu hyvän ja pahan välillä

kiihtyy armottomaksi jättäen veriset jäljet,

sieluun vielä syvemmät haavat.

Kuolema kysyy, milloin?

Elämä vastaa, ei koskaan.

Mitä tämä on??

Eikö se olekaan normaalia??

Mitä sitten??

tyhjyyttä…

Kukapa tietää,

ja katson läpi säleverhon.

Sain sanoja, mutta en ilman tuskaa.

Sain säveliä, mutta niissä on kuoleman sointu.

Sain värejä, mutta musta on kaunein.

Sain elämän, mutta kysyn, mihin käytän sen?

Jatkuva kirjoitus,

tapa purkautua, nähdä

-seuraavaan päivään.

Nähdä myös menneisyyteen.

Kiittää siitä.

Vain askeleen päässä itsestäni

näen uuden pienen elämän.

Hän hengittää, hän elää

ja katsoo... sieluun.

Ensi hymy. Särjetyt sydämet.

Aurinko. Riemunkiljahdus.

Sinä olet siinä,
olet osa minua.

Katson sinuun, näen sinussa enkelin,

joka siunaa meitä.

Juoma ja katse, hinta on sovittu.

Revit vaatteet yltäni,

kolikoiden kilinää.

Vodkan lemu, katson kattoa.

Avonaisesta ikkunasta

kolmosen ratikan kiskojen

kirskunta tietää vapautta

Pieni lapsi mustissa pyyhkeissä,

kiedottu tiukkaan, tukehduttaen häpeän.

Pyyhkeiden läpi tihkuu helakanpunainen veri.

Mustat pyyhkeet kietoutuneet

sitä vahvemmin lapsen ympärille,

mitä enemmän suojamuurit nousevat

kuin Troijan sotilaat sen ympärillä.

Alas valahtava punaviini helpottaa hetkeksi,

kunnes pullo on tyhjä.

Suojamuurien läpi ei pääse,

muurin jälkeen tulee toinen, tulee kolmas.

Mikä avaa lukon?

Pieni hapsutukkainen maitohampainen poika

kurkistaa arasti,

voisiko muurin yli jo kiivetä.

Voi yrittää nostaa jalkojaan tiiliseinää pitkin,

mutta tipahtaa alas.

Yrittää vielä kerran ja koputtelee

tiiliseinää – tarvitseeko pelätä.

Kun kuulee punaviinipullon korkin aukeavan,

poika on kadonnut.

Jäi vain mustien pyyhkeiden kasa.

Ääni takoo kivimuuria vasten,

rystyset verillä:

-päästä minut pois.

Olen ollut täällä ikäsi verran.

Tuijotan peiliin, kuin mielipuoli.

Nyt ajattele; et ole tulossa hulluksi.

Kyllä minä tästä nousen.

Häpeän vanki,

taas kurkistelee, voiko tulla ulos.

Katselee pälyillen ympärilleen,

olisiko nyt oikea hetki

ottaa isommasta kädestä kiinni?

Tuntee vapinan pienessä kehossaan,

kun muurit ympäriltä alkavat vajota.

Iso käsi koskettaa ja tunnustelee,

kaksi hymyä ja lujempi puristus.

Tästäkö se alkaa

Suuria toiveita.

Kädet käännettyinä kouraksi,

lasken pillereitä.

Kädet kiertyneet ympärille, puristaen pulloa.

Kädet kasvoillani tunnen häpeää,

kädet ristissä

toivoen uuden päivän tulevan.

Kädet ympärilläni

ryhmäläisten halaus,

kädet ojentuneina minua kohden

ojentaen minulle hyvää sanomAA.

Punainen Ferrari ja kuuma kesä,

valkoinen jahti odottaa minua ja pyytää kyytiin.

Piinaava matka kohti helvettiä, kohti

raiskauksien tuhoavaa mielipuolista aggressioita.

Kohti seuraavaa ryyppyä, pysyn tajuissani jotakuinkin.

Likaisia valheita minusta ja huoraamisesta,

Tuntematon nauttii syyttelyn ruoskinnasta,

minä tahdon pois.

Tuhoan sinut.

Rakkaus valitsi minut astumaan

tuntemattomasta ovesta.

Epäilys ja pelko kouraisee vatsaa ja haluaisin

ottaa askeleen taaksepäin.

Lempeiden katseiden tulva, niin kuin

kirkkaat tähdet syyskuisella tummalla taivaalla

kutsuivat astumaan valoon.

Hyvä paikka, turvasatama

-heitän menneisyyden ankkurin

ja jään.

-Saan levätä.

Tulinen katse läikkyy lasissa, tuttu tuoksu saa oksennusrefleksin

nousemaan kurkkuun.

Rypäleinen jumalten juoma haistattaa menneisyyden

pimeät huoneet silmieni eteen.

Mikäs siinä, saluunan ovet vain auki,

hukuttakaa minut.

Hanaa, hanaa sielu huutaa;

tunne ja järki hauraassa mustassa veneessä, pimeän yön ristiaallokossa.

Katson itseäni ja nousen;

menen pois.

Minun ei tarvitse.

Luettu kirja, elokuun yö.

Liikkuva tillikka lamppu kertoo, että elämä on kehä.

Nämä yöt tuovat rauhaa, sillä ukkosen jylinä

pitää hengissä. Muistojen virta on elävä ja lämmin.

Silti kaipaan sinua ja kolmatta linjaa, vanhaa kirjastoa.

En ole nähnyt sinua vuosiin, jotain jäi elämään.

Sama ratikka ja se ystävällinen kuski.

Palaan kotiin scillarinteen kautta.

Nämä yöt tuovat rauhaa.

Kevään kasvu on tuonut uuden ruohon, mutta kesä lähenee loppuaan.

Herään tuoksuun, jossa kastanjan ja pinjan imelä tuoksu herättää minut aamuun.

Muistan särkyneen illan ja sammutetut lyhdyt.

Voitko kantaa minua valkoisten katujen yli oi Jumala.

Lyhyt on tie majataloon, mutta silti liian pitkä kulkeakseni yksin,

tarvitsen sinua tänä yönä viemään minut lämpimään.

Voiko valkoinen talo tarjota rakkautta. Vanha mummo tuo lasin viiniä.

Missä olet Jumalani nyt, kun kuulen aamuyön kellojen soiton pinjametsien yli.

Musiikki vie minut vuorten yli ja hoitaa. Vanha mustapukuinen mummo, käsissään oliiveja ja kristus ikoni.

Syö, vahvistu poikani, pinjametsien yli kuuluu hoitava kirkonkellojen ääni.

Kerään vaatteeni ja jatkan matkaani. Katson valkoisen talon syliin sekä vanhan mummon uurteisia kasvoja.

Ehkä siellä olit Jumalani, särkyneissä laseissa ja viinissä.

Tumma yö on vaihtunut aamuun, se kutsuu minua kulkemaan kohti uutta tietä.

Sitä yötä on vaikea unohtaa,

sillä oveni oli auki sinulle. Rakkaus odotti tuloaan.

Montako tuntia laskin, että saapuisit.

Kaksi sovimme ja sammakot kurnuttivat kuivassa joessa.

Oli parvekkeella hyttysenkarkoitin, oli pullo punaista jumalten juomaa ja kuulin äänesi. Kuulin askeleesi rappukäytävästä,

olit pukeutunut valkoiseen kuin morsian.

Emme puhuneet samaa kieltä, muutoin kuin mitä silmämme toisilleen lupasi.

Huonoa englantia sotkien kreikan kielen, kuitenkin tajusin kaiken.

Voiko jumalten yö tulla luoksemme, voiko enkelien siipien suhina sivellä kauniita kasvojamme. Voitko viedä minut sinne missä ei ole työn huolia.

Voitko vain ottaa kyytiin ja lennättää minut toiselle puolen saarta,

Sen lupasit, sekä näyttää pyhän Marian. Sammakoista huolimatta lähdimme. Ajoimme lämpimän tuulen hengittämänä

kohti Nydrin vuoristoa. Suloisuus pienen kylän tuoleilla, käsi kädessä ja katseiden voimaa.

Uskoen huomiseen näin lupasimme, pitkien portaiden päässä,

uskoen elämään, tahdoimme toisemme

näimme toisemme tulevaisuudessa. Puhuimme oliivien keräämisestä sekä yhteisestä kodista.

Uskoen huomiseen, jota ei koskaan tullut.

Kohdattiinko milloin? Oliko sateinen päivä, vai paistoiko aurinko, vieläkö muistat.

Miksi tulit ovelleni, sinä vieras ihminen, kerroit jääväsi katsomaan, mitä elämä on. Näitkö kuitenkaan lävitseni? Luulit näkeväsi kauneutta, mutta vastassasi oli vanha raihnainen mies.

Jumalankuvia seinillä sai sinut hämmennyksiin, mutta totuit siihen, sillä oli jo toinen aamu.

Jäin kahvikuppini kanssa yksin, tiesin että se olit sinä, mutta olitko siltikään.

Seuraava ilta, katsoit kauniisti, olin odottanut kokonaisen päivän tuloasi.

Jumalat seinillä varoittivat, älä kiirehdi.

Tuli tango ja perhoset, tuli kesä jossa tanssimme yön tangoa,

ei vieläkään vastausta, rakkaudesta tai lupauksesta.

Istuin autosi kyydissä ja kuuntelin Britney Spearsia, voiko tämä olla tässä- olin halunnut tangon, olin halunnut valssin.

Tuliko jotain välillemme, joku tuntematon, antoiko se vallan soittaa auton äänitorvea.

Se oi sinun tapasi, se oli uutta minulle, se oli äänitorvi ja uutta minulle

Pieni sininen järvi keskellä kaupungin vilskettä,

kutsuu minua pois syvälle vuoristoon.

Kaksitoista hikistä kilometriä pyörällä polkien,

etsien omaa rantaa ja rauhaa.

Eloundan vuoret, kutsuivat luokseen,

merituuli huuhteli hiukseni ennen viileää vettä.

Sinun vuoksesi jaksan polkea, läpi oliivilehtojen ja siestaa viettävien miehien.

Oli päivä tuo myrskyinen,

tuuli voimistui ja tunsin, kuinka näytit vahvuutesi.

Maa vavahteli jalkojeni alla, ilmassa jyrisi, mutta se ei ollut ukkonen.

Hautapaasien kannet liikkuivat tasasuuntaan,

otin pyöräni ja jätin Eloundan.

Tuuli paukutti ikkunaruutuja ja luukut heiluivat villeinä.
Maanjäristys, joka ei tuonut pelkoa.

Olin nähnyt tänään niin jotakin kaunista, sinun siniset aaltosi huuhtoivat tuskani pois.

Vuoret Eloundan, vieläkin kutsuvat luokseen,

sininen järvi ja kaupungin vilske saa jäädä taa.

Oliivilehdot tarjoavat suoja tuulelta ja myrskyltä.

Sataman aulassa katson laivan kylkeä, joka lupaa viedä minut pois. Uskallanko nousta tuohon suureen, koska

tulevaisuus on täysin arvoitus.

Kuitenkin puristan laivakortin nyrkkiini ja vedän henkeä

-pakko lähteä.

Onko viimeinen matka tässä kauniissa laivassa, vai lyhyt risteily, jolta huomenna palaan?

Valmiina lähtöön, tunnen kuinka laiva liikahtaa

-horisontti häviää.

Juon kahvin ja yritän rauhoittaa mieleni, että pääsen perille.

Kukaan muu ei lähtenyt lähteäkseen lopullisesti. Minä tein sen, istun tuulisella laivan kannella, annan tuulen hoitaa. Katson auringonlaskua.

Pystyn jo ajattelemaan tekemääni päätöstä – että pääsen perille.

Uusi maailma odottaa, antaa tyrskyjen huuhtoa laivan kylkeä,

vieköön syntini mennessään vaahtopäihin, jotka jäävät taakseni.

Antaa nyt mennä vaan ja kulkea eteenpäin.

Sataman tiedän, mutta muu onkin tuntematonta elämää.

Pystyn jo ajattelemaan tekemääni päätöstä - että pääsen perille.

Joku onni ajoi Vänärin rantaa.

Ilo kohtasi mielen ja tuli ikävä. Hymykuopat ja uniset kauniit silmät.

Ero olisi kirosana, sillä rakkaus oli peittänyt varpaita myöten ihanaan yön hiekkaan.

Vasta kolme viikkoa takana, puhuttuja öitä, kilometrejä niin paljon, öitä hotellissa,

josta tuli kotimme kesäksi.

Ajattelimme, että olimme odottaneet toisiamme niin monta vuotta,

nyt oli aika nauraa ja puhua. Intohimoiset kauniit kädet, joissa lempeyden kosketus. Sinun ruskettunut ihosi hehkuu kuparisena pehmeyttä ja suloisuutta.

Maailmani katoaa ja sade ropisee, sinä olet siinä. Coctail elokuva on tullut todeksi, jossa arvuuttelimme kengännauhojen keksijöiden nimiä.

Se oli ihastusta, josta tuli kappale rakkautta.

On sisäisen levon aika, on aika rakkauden manifestille,

on aika kypsyä ja kasvaa. Aika tasoittaa polut, jotka olivat mäkiset ja kuoppia täynnä.

Aika tuntemattoman suudelman ja astua uuteen,

älä mene pois, sillä taidan

olla rakastunut.

Ruoho leikkaamatta, sanoin sinulle.

Tomaatit jo kypsyneet. puutarhatuolit sekaisin ja

huuto-oksennus kävi juuri mielessäni.

Nielin kaiken, jopa tuskan. Perhosten lento tekee tuskaa,

se ei voi mennä näin.

Ratikan takaosassa katson kaupungin pysähdyspaikat,

katkaisuhoitolan ohittaen, hyvää mieltä tuntien,

silti niin tyhjänä – laitan silmäni kiinni.

Tuulikellojen äänen, vanhojen kerjäläisten katseet, joiden
tummissa silmissä ei näy valoa,

toive ruoasta ja turistin avonaisesta laukusta – laitan silmät
kiinni.

Mikä se on mistä voi tulla onnelliseksi, katse vai anteliaisuus.

Jumalan Pyhän kohtaaminen?

Majatalon tuuletin ei toimi, avaan jääkaapin, että voisin saada
happea.

Suljen silmäni ja kuvittelen sinua mustissa housuissasi.

Juokset turistien vuoksi, että saisit perheellesi leipää.

Huominen on kuitenkin totta, huomenna perhosetkin näyttävät
kauniilta.

Onko väärin vaatia kosketusta? Onko väärin odottaa sinua näissä kellastuneissa lakanoissa?

Onko suoritus ainoa, jota odotat minulta, Olenko minä mies vai kone?

Miksi et anna laskea varpaitasi tai piirtää sydäntä selkääsi, tai tanssia kassasi vuoteessa.

Miksi meret eivät vain voisi yhtyä kuin kaksi tyrskyä, tulematta koskaan tyytyväisiksi toisistaan.

Kolmetoista kertaa pyysin sinua rakastamaan minua, mutta olinkin luku, joka teki niin kuin aina ennenkin.

Toivoit sitä, koska tahdoit että saat olla turvassa.

Haluan viedä sinut vuoristoon, jossa et tunne puita ja niiden tuoksu on sinulle vieras. Ilman tuntematonta ei meitä ole olemassakaan.

Kolmetoista polkua vie meidät toistemme luo, jos vain luotat minuun. Uskotko sen?

En ole kone, en ole mies joka tekee rakkaudesta pelkän silitysraudan telineen ohuen pyyhkeen, että saat silittää,

sen saman pyykin kerta toisensa jälkeen.

Tahtoisin laskea varpaasi ja piirtää sydämen selkääsi ja arvuutella nimeäsi. Eikö se olisi rakkautta.

Tulisitko vielä neljännentoista kerran kellastuneisiin lakanoihin kanssani?

Katsoisin sinua, kuin ensimmäistä kertaa,

mutta jos tahdot muuta, on minun mentävä, sillä tie kutsuu...

Kolmen vartija voimin, harmaan talon käytävää pitkin.

Kaksi enkeliä mukana, mietin että miksi?

Huolehdimme ette kuole tällä pitkällä käytävällä.

Kokosin itseni, niin kuin pystyin, olin harhainen ja ihmeissäni.

Pimeä huone kuulemma rauhoittaa.

Tuska löi yli, pimeydessäkin alan näkemään,

täällä voi löytää Jumalan ja tanssia.

Pimeydessäkin voi elää, kun saa olla ihan hiljaa.

Ettei joku kysy sinulta koko ajan, mitä sinulle kuuluu?

Pakkoliikkeet lääkkeistä ja turruttavaa unta,

huumeinen huuru sitoo mieleni kuin hämähäkin seitti liimautuen naamaani ja saa minut vääntelehtimään tuskasta.

Yhteisruokailut, muiden haamujen kanssa.

Onko tämä laiva jo perillä, mutta emmehän ole lähteneet edes liikkeelle.

Pimeydessäkin voi olla elämää, jos saa olla rauhassa,

jos huone on tarpeeksi lähellä sinua.

Aloin luottaa siihen, että pidit oikeasti minusta huolta.

Pimeydessäkin voi elää, kun saa olla vain hiljaa.

Mitä värit kertovat?

Maalaan tuolin ja katson sitä ja sen elämää.

Kuka siinä istui, voisitko kertoa. Voisitko sanoa, olitko

onnellinen sinä istuja tuntematon.

Olitko väsynyt mies, jolla oli kaikkea, vai olitko lapsi, jolla ei ollut puhetta?

Sinä tuoli olet nähnyt niin monta tarinaa, mutta tänään teen sinusta uuden.

Puen sinut kauneuteen, josta et osannut uneksia.

Jätät taaksesi sen tyhjyyden tunnin, joka odotti pelon sekaisin

tuntein seuraavaa istujaa.

Jätät taaksesi sen parin, joka vannoi ikuista rakkautta tuon tuolin syleilyssä.

Tänään puen sinut vaaleanpunaiseen. Puen kukkaruukun kauniille istuimellesi.

Sinisen ruukun ja kauniin taustan tein sinulle. Sinä olet kuningatar, sinä olet kuningas.

Sade piiskaa, mutta sinä et välitä. Annat pisaroiden valua, kuin kyynelten. Sinä kuningas tai kuningatar tahdot olla paikallasi.

Olit onnellinen, uutena. Ei enää kenenkään huolien tai onnen tuolina.

Vain heleänä ja uutena tuolina.

Matkalla yksin. Sinun kanssasi.

Kerroin sinulle Jumalasta, joka rakastaa,

sinä sanoit olevasi Jumala.

Kysyin, kuinka se on mahdollista?

Rakastan sinua äärettömyyksiin saakka.

Mitä se tarkoittaa?

Jos Jumala on äärettömyyksien Jumala, vien sinut vuorille

katsomaan mitä olen luonut.

Katsoin Vikosin rotkoihin, sen syvyyksiin. Yksin.

Kuitenkin tunsin, että olit siellä kanssani.

Enhän ole jättänyt sinua yhdenkään rotkon reunalle yksin.

Mietin, kuinka suuri on suurutesi Ionnian lahdella, se on ääretön

meri, jossa on kuitenkin ääriviivat.

Sinun kotisi on näiden rantojen ympärillä, niin kuin minunkin.

Hyppäsin autooni, jatkoin matkaani, jolla ei tuntunut olevan

alkua tai loppua. Vuorien vehreys katsoi minua joka puolelta,

rakastan sinua äärettömyyksiin saakka.

Istuudun Ionnian kauniille rannalle, jossa tulit ja tarjosit juomaa

Nero Vigos. Janoni sammui vuorien vedestä, Jumalan vedestä.

Monta pitkää tuntia koneen näppäimistöllä,

rukoustani ei varmaan kuulla.

Pyöritän sormessa sormustani, johon on kaiverrettu rukous,

Yksi Jumala, Yksi nimi, Yksi voima.

Kuuletko minua JHVH, t kansa nimesi lausuu.

Eri nimillä Sinua huudamme.

Näetkö JHVH, sinua odotamme.

Omassa tuskassa ja edessä kysymysten pyörin,

huomaanko rakkauttasi Sinun?

Perhonen lentää ja puiden oksat liikkuvat hengityksestäsi,

se on merkkinä Sinusta JHVH.

Kuuletko meitä, kansat huutavat puoleesi.

Oi tule Jumala ja tuo sateesi kuivuneisiin sieluihimme.

Matka sieluun on pitkä,

niin monta kysymystä elämän kehästä.

Kuin Feenix lintu, nousen tuhkasta.

Näen harmaan savu elämässäni ja tunnen,

kuinka elämän tuska on polttanut siipeni niin,

että tuskin jaksan lentää.

Kuitenkin tahdon. Uskallan nousta kohti aurinkoa,

kohti taivasta, jossa tuulet kannattelevat

katkenneita siipiäni.

Tunnen savun tuoksun ja poltetut kylät ja saan

enemmän voimaa kohota Luojani luo.

Puhalla Sinä Jumala ja anna minun

nähdä Sinun tuulesi ja kohdata Sinut.